La ciencia del surf
Olas y tablas

T0141777

Lisa Steele MacDonald

✳ Smithsonian

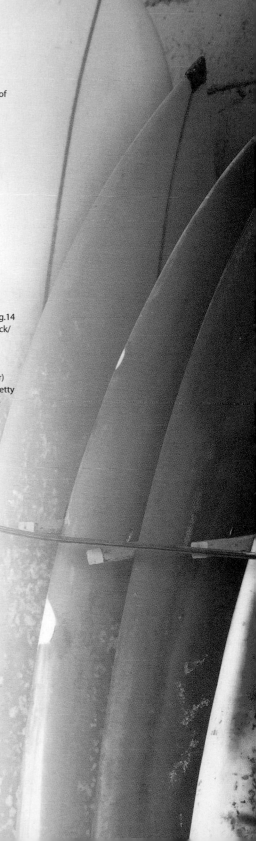

Autora contribuyente

Heather Schultz, M.A.

Asesores

Jeffrey Brodie
Supervisor especialista de programa del museo, Lemelson Center for the Study of Invention & Innovation
National Museum of American History

Tamieka Grizzle, Ed.D.
Instructora de laboratorio de CTIM de K-5
Escuela primaria Harmony Leland

Stephanie Anastasopoulos, M.Ed.
TOSA, Integración de CTRIAM
Distrito Escolar de Solana Beach

Créditos de publicación

Rachelle Cracchiolo, M.S.Ed., *Editora*
Diana Kenney, M.A.Ed., NBCT, *Realizadora de la serie*
Véronique Bos, *Directora creativa*
Caroline Gasca, M.S.Ed., *Gerenta general de contenido*
Smithsonian Science Education Center

Créditos de imágenes: págs.2–3 lmspencer/Shutterstock; pág.4 (izquierda) © Smithsonian; pág.5 (recuadro) dominio público; pág.6 (inferior), pág.8 (inferior), pág.14 Timothy J. Bradley; pág.7 Digital Media Pro/Shutterstock; pág.11 cortesía de Cancock/ Stab Magazine; pág.12 (izquierda) Jorge A. Russell/Shutterstock; pág.12 (derecha) cortesía de Russell y Nina Love/calsurfpix; pág.15 Kirk Wester/Shutterstock; pág.18 EQRoy/Shutterstock; pág.20 Everett Collection/Newscom; pág.21 dominio público a través de Wikimedia; pág.22 North Wind Picture Archives/Alamy; pág.23 (superior) Guerilla/Alamy; pág.24 (superior) Allen J. Schaben/Los Angeles Times a través de Getty Images; pág.24 (inferior) Joel Guy; todas las demás Imágenes cortesía de iStock y/o Shutterstock.

Library of Congress Cataloging-in-Publication Data

Names: MacDonald, Lisa, author. | Smithsonian Institution.
Title: La ciencia del surf : olas y tablas / Lisa Steele MacDonald.
Other titles: Science of waves and surfboards. Spanish
Description: Huntington Beach, CA : Teacher Created Materials, 2022. | "Smithsonia"--Cover. | Audience: Grades 4-6 | Summary: "Go to the beach and watch surfers ride waves. It is mesmerizing. It looks like they are magically gliding over the water. But it isn't magic. It's science in action! Surfers use science to select the right surfboards and to understand the motion of the ocean"-- Provided by publisher.
Identifiers: LCCN 2021044236 (print) | LCCN 2021044237 (ebook) | ISBN 9781087643786 (paperback) | ISBN 9781087644257 (epub)
Subjects: LCSH: Surfing--Juvenile literature. | Surfboards--Juvenile literature. | Ocean waves--Juvenile literature. | Wave-motion, Theory of--Juvenile literature. | Sports sciences--Juvenile literature.
Classification: LCC GV839.55 .M2418 2022 (print) | LCC GV839.55 (ebook) | DDC 797.3/2--dc23
LC record available at https://lccn.loc.gov/2021044236
LC ebook record available at https://lccn.loc.gov/2021044237

Teacher Created Materials

5301 Oceanus Drive
Huntington Beach, CA 92649-1030
www.tcmpub.com
ISBN 978-1-0876-4378-6
©2022 Teacher Created Materials, Inc..

Contenido

Atrapar una ola

Ya sea en la playa o en la televisión, el surf puede parecer algo mágico. Los surfistas expertos montan hasta las olas más grandes como si no hicieran ningún esfuerzo.

Pero para surfear hay que tener muy buen estado físico y muchos conocimientos. De hecho, el surf se apoya en la ciencia. Sin **flotabilidad**, los surfistas se hundirían. Sin aceleración, no podrían desplazarse a lo largo de la ola.

La ciencia es importante en el diseño de las tablas de surf. Los primeros surfistas usaban tablas de madera. A través del ensayo y el error, aprendieron qué materiales y formas eran mejores. Solo podían usar los materiales que encontraban donde vivían. Las tablas de surf que se usan en la actualidad son el resultado de años de investigación, ingeniería y ciencia aplicada.

La historia del surf es una lección sobre los progresos de la ciencia. ¡Zambúllete para aprender mucho más!

Duke Kahanamoku fue un surfista hawaiano que se hizo muy famoso a principios del siglo xx.

4

grabado de 1882 que muestra a surfistas en la Polinesia

Uno de los primeros relatos sobre el surf es de Mark Twain. El escritor intentó practicar, sin suerte, el "baño de olas" durante un viaje a Hawái en 1866.

La ciencia del surf

Imagina que tienes un globo lleno de agua. Si lo aprietas, el globo se hace más grande de un lado o del otro. Cuando tu mano aprieta el globo, el agua empuja hacia afuera. Eso crea presión en diferentes lugares. Del mismo modo, en una ola hay fuerzas opuestas. Una de esas fuerzas empuja hacia abajo y la otra, hacia arriba. La energía genera presión. Esa presión es lo que empuja a un surfista sobre una ola.

Hay tres factores que se combinan para poder surfear bien. En primer lugar, los surfistas necesitan usar el movimiento de las olas. En segundo lugar, necesitan un objeto que les dé flotabilidad: una tabla de surf. Por último, necesitan tener equilibrio y control para mantenerse en el lugar correcto de la tabla y moverla cómodamente en el agua. Esos tres factores juntos hacen que la experiencia de surfear sea inolvidable.

Movimiento del agua

Movimiento del agua

Movimiento del surfista

Gravedad

Dirección de la ola

Flotabilidad

¡El récord mundial de tiempo y distancia de surfeo en aguas abiertas es de 3 horas y 55 minutos! Gary Saavedra surfeó una ola artificial creada por un barco.

El movimiento del mar

El agua del mar está siempre en movimiento. Ese movimiento puede formar olas y corrientes. Las olas del mar son energía que se desplaza por la superficie del agua hacia la costa. Las corrientes marinas son agua que se mueve muy por debajo de la superficie. A su vez, el aire mueve el agua por encima de la superficie.

Al principio, el viento sopla libremente sobre el agua. Las **ondas** van más rápido y se vuelven más grandes y más potentes. Cerca de la costa, el agua se mueve rápidamente y con mucha fuerza.

En la costa, el agua es menos profunda. La corriente del fondo del mar se hace más lenta cuando choca con el desnivel en el suelo. La corriente cerca de la superficie sigue moviéndose con la rapidez original. Cuando el agua de la superficie se mueve más rápido que la del fondo, comienza a formarse una ola.

A medida que el agua superficial va más rápido, el agua del fondo sube. Ese movimiento ascendente forma la **cara** de la ola. Esa es la parte que montan los surfistas.

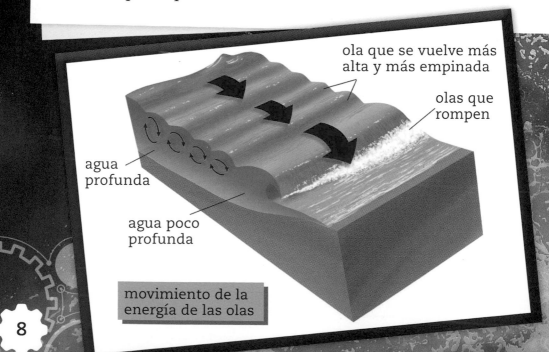

ola que se vuelve más alta y más empinada

olas que rompen

agua profunda

agua poco profunda

movimiento de la energía de las olas

Los surfistas pasan la mayor parte del tiempo remando con los brazos y esperando las olas. Por cada hora que están en el agua, en realidad solo pasan unos cinco minutos montando olas.

Cuando ves a los surfistas esperando sobre sus tablas en una **alineación**, es porque saben dónde se formarán las olas. La forma del lecho marino no cambia mucho de un día a otro. Por eso, las olas se forman en los mismos lugares.

Listos para surfear

Para surfear, los surfistas comienzan por remar hacia las olas que se están formando. Deben ajustar su rapidez en función de las olas. Cuanto más grandes son las olas, más rápido deben remar los surfistas.

En la parte más alta de las olas, la gravedad atrae a los surfistas y sus tablas hacia abajo. Esa atracción ayuda a los surfistas a ir más rápido mientras montan la cara de las olas. La atracción de la gravedad es más fuerte en el tercio superior de las olas. Por eso, los surfistas tratan de mantenerse allí el mayor tiempo posible.

Muelles para surfear

En 2017, unos surfistas probaron una nueva forma de atrapar las olas en la costa de Bali, Indonesia. ¡Corrieron! Se colocó un muelle flotante de 30 metros (unos 100 pies) de largo en el lugar donde se formaban las olas. Los surfistas remaban hasta el muelle y esperaban las olas.

Luego, corrían por el muelle y saltaban con sus tablas sobre las olas. Eso les permitía alcanzar la rapidez que necesitaban sin tener que remar.

Todo bajo control

Cuando los surfistas están en la parte baja de una ola, a veces realizan una maniobra llamada *cutback*. Para eso, giran la tabla rápidamente hacia el costado para subirse a la ola. Luego, vuelven a girar la tabla hacia delante cuando están cerca de la cima de la ola. Suben por la cara de la ola y luego usan la gravedad para bajar. Los surfistas usan la potencia y la fuerza de este movimiento, o el **impulso**, para quedarse en la ola el mayor tiempo posible.

Haciendo pequeños cambios en su postura, los surfistas pueden **alterar** la forma en que la tabla se desplaza. La mayor parte del tiempo, mantienen el pie con que pisan más firme cerca de la cola de la tabla. Eso se debe a que el pie de atrás ayuda a controlar la orientación de la tabla. Al desplazar el peso del cuerpo y presionar hacia abajo en la parte trasera de la tabla, los surfistas pueden girar manteniendo la punta de la tabla fuera del agua.

Un surfista hace un *cutback*.

Mucha fuerza

La **velocidad**, o la rapidez en una dirección determinada, y la gravedad crean **fuerzas g**. Son las mismas fuerzas que te empujan hacia atrás en tu asiento cuando el carro en el que viajas empieza a ir más rápido. Los surfistas sienten grandes fuerzas g cuando giran en la base de una ola. Una empresa construyó tablas de surf que miden las fuerzas g que sienten los surfistas. ¡Las mediciones muestran que los surfistas sienten más fuerzas g que los corredores de autos, los astronautas o los pasajeros de una montaña rusa!

Anatomía de una tabla

Una tabla de surf no se escoge solo por su apariencia. Hay varios factores que los surfistas deben tener en cuenta antes de escoger su tabla. En primer lugar, necesitan saber qué clase de olas van a surfear. Si quieren surfear olas pequeñas y lentas, deberían escoger un tipo de tabla. Si quieren montar olas grandes y rápidas, deberían escoger una tabla diferente.

Luego, los surfistas deben decidir el tipo de surf que practicarán. ¿Quieren una tabla que les permita surfear lentamente y con estabilidad? ¿O prefieren un estilo rápido y furioso? Un principiante tal vez necesite una tabla que lo ayude a mantener el equilibrio. Y un surfista con experiencia quizá busque aprender nuevos trucos.

Hay muchos tipos de tablas de surf: largas, cortas, *gun*, *fish* y tablas **híbridas**, entre otras. Cada tipo de tabla tiene ventajas y desventajas. Para poder escoger, hay que entender cómo funciona la tabla.

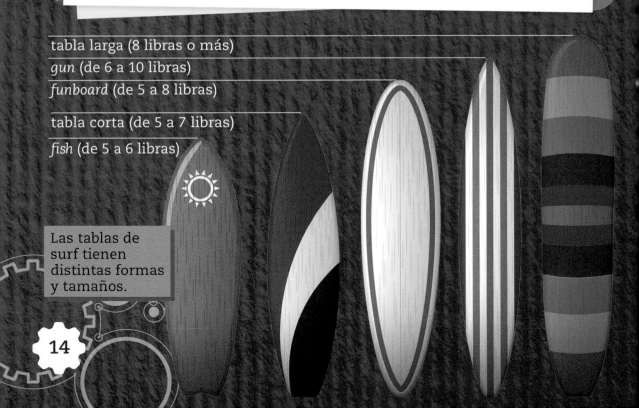

tabla larga (8 libras o más)

gun (de 6 a 10 libras)

funboard (de 5 a 8 libras)

tabla corta (de 5 a 7 libras)

fish (de 5 a 6 libras)

Las tablas de surf tienen distintas formas y tamaños.

Un peso parejo

Cuando estás parado en el suelo, el peso del cuerpo se concentra en los pies. En el agua, esa concentración es lo que hace que las personas se hundan. Una tabla de surf reparte el peso de forma pareja en una superficie grande. Cuanto más grande y ancha es la tabla, más se reparte el peso de la persona.

Cómo se hacen

Hoy en día, la mayoría de las tablas de surf se fabrican con un núcleo de espuma química que les permite flotar. Hay diferentes tipos de espuma, algunas más densas que otras. Cuanto más densa es la espuma, más fuerte es la tabla. Si la tabla es fuerte, es más difícil que se rompa al surfear olas rápidas.

El núcleo de una tabla de surf necesita un apoyo para que la tabla terminada sea duradera y fuerte en el agua. Para eso, se agrega una tira de madera debajo de la parte central de la tabla. Es lo que se conoce como larguero. Gracias a los largueros, las tablas no se doblan tanto y es más difícil que se rompan.

El núcleo de espuma se envuelve en una tela de fibra de vidrio y luego se cubre con resina. La fibra de vidrio queda muy dura cuando se seca, lo que brinda más sostén. La resina sella la tabla y le da una textura más pareja. Cada capa que se agrega a una tabla la hace más fuerte, pero también afecta su peso.

La fibra de vidrio se corta y se coloca en su lugar.

La resina se aplica sobre las láminas de fibra de vidrio.

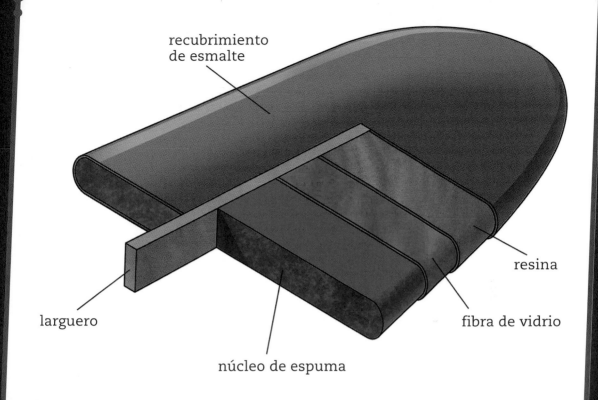

recubrimiento
de esmalte

resina

larguero

fibra de vidrio

núcleo de espuma

Formas únicas

Si la ciencia determina cuál es la mejor forma de una tabla de surf, ¿por qué no son todas iguales? Hay dos motivos principales. El primero es que cada ola es diferente, y por eso la forma "correcta" depende de la ola. En segundo lugar, durante muchos años las tablas de surf se han hecho a mano. Los diseñadores pasan años mejorando sus habilidades y están orgullosos de sus creaciones. Se puede saber quién hizo cada tabla por los diseños únicos que las distinguen.

Formas que sirven

Aunque una tabla de surf es una sola pieza, se le pueden hacer muchas modificaciones. Cualquier cambio pequeño afecta la forma en que funciona la tabla.

Los bordes externos de la tabla de surf se llaman cantos. Pueden ser curvos y en punta o redondeados. El agua de las olas entra por los cantos y ayuda a sostener la tabla sobre la cara de la ola. Las tablas que tienen cantos redondeados se sumergen más en el agua y permiten que el agua sostenga la tabla por más tiempo. Eso significa que la tabla será más estable. Las tablas con cantos en punta son más rápidas, pero más difíciles de girar.

La parte delantera de una tabla de surf se llama nariz. La nariz también puede ser redondeada o en punta. La nariz redondeada es mejor para los principiantes. Mantiene el frente de la tabla a flote en olas más pequeñas y lentas. La nariz en punta es mejor para los surfistas que necesitan tener más control en olas grandes y rápidas.

Estos diseñadores les dan forma a sus tablas de surf, con cantos redondeados.

Las primeras tablas de surf medían 3.6 metros (12 pies) de largo y pesaban unos 73 kilogramos (160 libras). ¡Había que ser muy fuerte y atlético para montar una ola!

19

El otro extremo de la tabla de surf es la cola. Su forma puede influir en la rapidez de la tabla y el grado de control que tiene el surfista. Si la cola es redondeada, la tabla es estable pero lenta. Una cola recta o en ángulo permite que la tabla sea más rápida y se mueva con más facilidad.

La parte inferior de una tabla de surf también es importante. En algunas tablas la parte inferior es lisa, pero en otras tiene ranuras. Las ranuras cambian la forma en que fluye el agua debajo de la tabla.

En la parte inferior de la tabla, cerca de la cola, están las aletas. Por lo general, los principiantes usan tablas con una sola aleta grande y dos aletas más pequeñas a los costados para mantener la estabilidad. A medida que el surfista gana experiencia, puede pasar a una tabla con aletas más pequeñas. Las aletas pequeñas ayudan a que la tabla gire más fácilmente.

Escoger la tabla de surf correcta es importante. Para escoger la tabla adecuada, los surfistas deben conocer sus habilidades y los tipos de olas que surfearán.

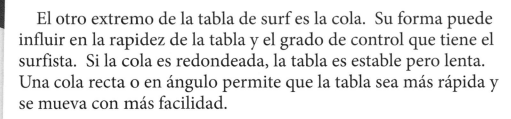

tabla con una sola aleta

aletas de una tabla de surf

Una mujer se prepara para surfear en la década de 1920.

20

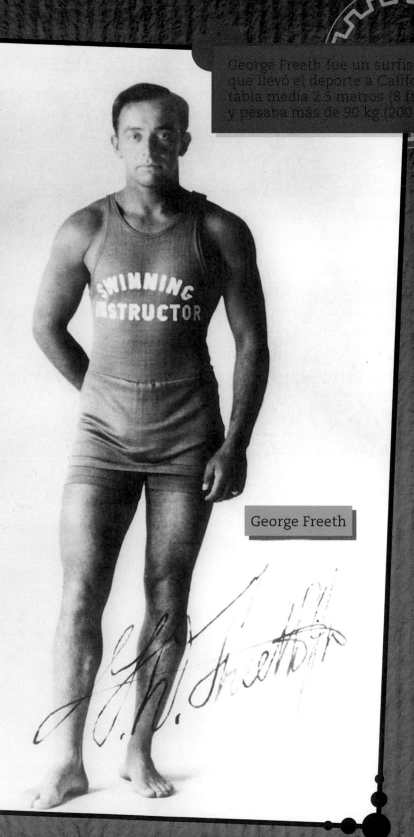

George Freeth fue un surfista hawaiano que llevó el deporte a California. Su tabla medía 2.5 metros (8 ft) de largo y pesaba más de 90 kg (200 lb).

George Freeth

El surf a través de los años

Las personas comenzaron a poner en práctica la ciencia del surf hace cientos de años. Los primeros surfistas de Tahití llevaron el deporte a Hawái. El surf era un símbolo de estatus para los jefes y los nobles.

Los primeros surfistas tallaban tronco de árboles del lugar para obtener tablas de madera que usaban para practicar el surf. Esas primeras tablas eran muy largas y pesadas.

En las décadas de 1920 y 1930, las tablas se volvieron más livianas. Los surfistas les hacían agujeros y pegaban encima láminas delgadas de madera. Combinaban maderas livianas, como la madera balsa, con otras más fuertes como la secuoya. En esos tiempos, los surfistas comenzaron a modificar la forma de sus tablas. **Estrecharon** la cola para que la tabla se moviera mejor en los tubos de las olas.

Después de la Segunda Guerra Mundial, comenzaron a usarse fibra de vidrio y espuma química para hacer tablas de surf. De ese modo, las tablas eran más fuertes y livianas. Los surfistas también comenzaron a reemplazar las tablas largas por tablas más cortas.

grabado de surfistas hawaianos, realizado alrededor de 1870

Un surfista prepara una tabla hueca para agregarle un enchapado.

INGENIERÍA

Buenas ideas

En la década de 1920, el surfista Tom Blake quiso que su tabla fuera más liviana. Tomó su tabla de madera sólida y le hizo cientos de agujeros. La cubrió con una lámina delgada de madera **contrachapada**. El resultado fue una tabla mucho más liviana. Las personas se rieron cuando Blake apareció en una competencia con su tabla hueca. Pero luego vieron que esa tabla era mucho mejor. Su diseño cambió las tablas de surf para siempre.

Los surfistas de la costa oeste lograron aún más avances en el diseño de las tablas de surf. Les dieron diferentes formas según el tipo de ola. En la década de 1960 se inventó la tabla corta. La longitud promedio de las tablas bajó a 1.8 m (6 ft).

La popularidad del surf se expandió de una playa a otra por todo el mundo. A los australianos les encantaban las nuevas tablas, que eran más livianas. Durante las siguientes tres décadas, los surfistas crearon tablas aún mejores.

El surf ganó más popularidad gracias a películas como *Gidget, Diversión en la playa* y *Eterno verano*. Se hicieron tablas más rápidas. Como las tablas costaban menos, más personas podían practicar el deporte.

En el mundo del surf sigue habiendo **innovaciones**. Hoy en día, hay tablas con GPS, radio e incluso motor. Se diseñan tablas con la ayuda de computadoras. ¡Quién sabe cómo evolucionarán las tablas de surf en el futuro!

Laird Hamilton usa uno de sus inventos: la tabla de hidroala.

En 1971, Pat O'Neill inventó la correa de surf moderna. Cansado de ir a buscar su tabla en el agua, decidió atarse a la pierna un trozo de tubo quirúrgico, y unió el otro extremo a la tabla con una ventosa.

¡A surfear!

En todo el mundo, las personas surfean las olas al amanecer, los fines de semana y en las vacaciones. Algunas personas compiten, pero todas surfean porque les gusta.

A todos los surfistas les encantan las olas y el mar. En el agua, pueden ver en acción el enorme poder y la fuerza estremecedora de la naturaleza.

¡El surf es ciencia en acción! La ciencia explica por qué un surfista puede recorrer toda la longitud de una ola o remontar su cara.

El surf combina deporte, arte y ciencia. Así que toma tu tabla, zambúllete en el agua ¡y disfruta de la mejor lección sobre ciencia que puede enseñarte la naturaleza!

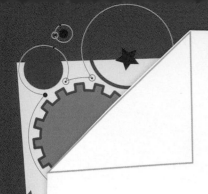

DESAFÍO DE CTIAM

Define el problema

A ti y a tus amigos les gusta surfear, pero es difícil llevar todas las tablas a la playa. Viste un kayak plegable, y te preguntas si podrías crear una tabla de surf plegable que sea más fácil de transportar y no se rompa al usarla.

Limitaciones: La tabla de surf no debe doblarse ni torcerse cuando está en el agua.

Criterios: La tabla de surf plegable debe reducir su longitud o su ancho a la mitad como mínimo y debe flotar en el agua.

Investiga y piensa ideas

¿La capacidad de plegarse puede afectar la flotabilidad?
¿Qué forma plegada será más fácil de transportar?
¿Cuáles son los materiales que mejor funcionarán?
¿Se necesitan soportes adicionales en los pliegues?
Busca en internet ideas que puedan inspirarte.

Diseña y construye

Primero, haz un modelo de papel de tu tabla de surf
para decidir cómo se plegará. Luego, bosqueja tu
diseño. Haz una lista de los materiales que usarás
en tu modelo y de los materiales que podrían usarse
en una tabla de surf plegable real. Luego, construye
tu modelo.

Prueba y mejora

Crea olas en un recipiente con agua para probar si tu
tabla se sostiene. ¿Funcionó bien tu tabla? ¿Puedes
reducir un poco más el tamaño de la tabla plegada?
Modifica tu diseño y vuelve a intentarlo.

Reflexiona y comparte

¿Qué semejanzas y diferencias habría entre una
tabla de surf plegable y una tabla de surf común?
Analiza las ventajas y desventajas de cada una.
¿Cuál preferirías?

Glosario

alineación: el área donde esperan los surfistas para atrapar una ola

alterar: cambiar algo parcialmente

cara: la superficie frontal, superior o exterior de algo

densas: compactas o pesadas

contrachapada: una lámina fina de madera u otro material que se coloca sobre una superficie

estrecharon: redujeron el ancho

fibra de vidrio: un material liviano y fuerte hecho con hilos de vidrio delgados

flotabilidad: la capacidad de un objeto de flotar en el aire o en el agua

fuerzas g: fuerzas que la gravedad de la Tierra o la aceleración ejercen sobre un cuerpo

híbridas: hechas o producidas con dos o más componentes diferentes

impulso: la fuerza que hace que un cuerpo se mueva

innovaciones: ideas, métodos o dispositivos nuevos

ondas: olas muy pequeñas que se forman en la superficie de un líquido

resina: un material pegajoso producido por los árboles que se puede usar para cubrir y proteger superficies

velocidad: la rapidez de algo en una dirección determinada

Índice

¿Quieres aprender sobre el surf? Estos son algunos consejos para empezar.

"Estudia matemáticas y ciencias para comprender cómo actúan las olas y la rapidez. En el bachillerato, toma clases de física para aprender sobre el movimiento. Esas destrezas te ayudarán a surfear mejor". —*Jeffrey Brodie, especialista de programa del museo*

"Los surfistas no son los únicos 'buscadores de olas' en el mar. Hay científicos que estudian las olas que se producen en el fondo del mar. Algunas de esas olas tienen el tamaño de un rascacielos. Aún no sabemos adónde van ni qué pueden enseñarnos. ¡Tal vez tú seas el científico que lo descubra!". —*Emily Frost, editora en jefe del Ocean Portal*